Online-Brokerage für Anfänger –

Der Einstieg in den Wertpapierhandel

Online-Brokerage für Anfänger –

Der Einstieg in den Wertpapierhandel

Autor: Torsten Hauschild

Verlag: Books on Demand GmbH

© 2011 Herstellung und Verlag: Books on Demand GmbH, Norderstedt

2., überarbeitete Auflage:

© 2013 Herstellung und Verlag: Books on Demand GmbH, Norderstedt

ISBN 978-3-8423-6905-4

Inhaltsverzeichnis

1. Einleitung

Die Börse bietet jedem Anleger viele Investmentchancen. Diese Investmentmöglichkeiten können Sie am besten durch Online-Brokerage nutzen. Dieses Buch wendet sich an Neulinge im Online-Brokerage, die die Chancen der Börse nutzen wollen. Es ist kurz und knapp geschrieben und vermittelt in kurzer Zeit Grundlagenwissen über Online-Brokerage.

2. Warum Online-Brokerage?

Wenn Sie sich bei der Bank beraten lassen, sollten Sie wissen, dass Ihr Berater an Ihnen Provisionen verdienen oder Erträge für die Bank erwirtschaften möchte. Daher ist es möglich, dass der Ratschlag der Bank an Eigeninteresse ausgerichtet ist. Diese Empfehlung ist aber nicht unbedingt für Sie die beste Geldanlage.

Daher empfiehlt es sich, seine Finanzgeschäfte selbst in die Hand zu nehmen. Solche Kunden heißen bei der Bank „Selbstentscheider".

Mit „Selbstentscheider" ist jemand gemeint, der nicht auf die Anlageempfehlungen der Bank hört, sondern sich selbst informiert, eine eigene Meinung bildet und dann ohne Berater entscheidet.

Ein Selbstentscheider wird sich meist für Online-Banking und Online-Brokerage entscheiden. Beim Online-Brokerage wird kein Berater seine Entscheidung (provisionsgesteuert) in Frage stellen. Auch sind die Gebühren für den Kunden beim Online-Brokerage im Vergleich zum traditionellen Bankgeschäft niedrig.

Es setzt allerdings einen gewissen Zeitaufwand voraus, um den Markt und die Börse zu beobachten.

3. Online-Brokerage – Bei welcher Handelsplattform?

Nun stellt sich die Frage auf welcher Handelsplattform Sie Ihr Online-Brokerage abwickeln. Besonders geeignet sind dafür Direktbanken (bzw. Online-Broker). Direktbanken sind Internetbanken für selbst entscheidende Kunden. Da bei Direktbanken keine Provisionen für Bank-Berater fällig werden, kommen Sie als Kunde in den Genuss deutlich niedrigerer Gebühren.

Entscheiden Sie sich also für eine Direktbank und eröffnen Sie online auf der Internetseite dieser Bank ein Depot. Dafür ist unter anderem ein sogenanntes Post-Ident erforderlich, um Ihre Identität festzustellen, d.h. die Direktbank schickt Sie mit einem Formular und Ihrem Personalausweis zur Post.

Wenn sie die Eröffnungsformalitäten erledigt haben, schickt Ihnen Ihr Online-Broker die Unterlagen zu. Dazu gehören eine PIN für die Anmeldung bei Ihrer Direktbank und eine ITAN-Liste. Aus Sicherheitsgründen ist eine gewöhnliche TAN-Liste nicht ausreichend. Die ITAN-Liste bietet mehr Sicherheit.

Übrigens schickt Ihre Bank Ihnen niemals E-Mails, die Sie zur Eingabe von TANs oder ITANs auffordern. Auch zur Anmeldung auf dem Applet bei Ihrem Online-Broker sind niemals TANs oder ITANs erforderlich. Hinter solchen Appellen stecken Kriminelle. Wenden Sie sich in einem solchen Fall telefonisch an Ihre Bank und zeigen Sie den Vorgang bei der Polizei an.

4. Aktien online handeln

Wenn Sie ihr Depot eröffnet haben, können Sie Aktien online handeln. Gehen Sie hierzu im Applet auf „Kaufen" und geben Sie die Wertpapierkennnummer der von Ihnen ausgewählten Gesellschaft ein. Zur Kontrolle erscheint nun der zugehörige Name der Aktie. Geben Sie außerdem den Börsenplatz (siehe dazugehöriges Kapitel) und ein Limit ein. Das Limit ist wichtig, da es Sie davor schützt, dass Sie die Aktien zu teuer kaufen.

Aktien können Sie nur handeln, wenn der dazugehörige Börsenplatz geöffnet ist. Bei direkt zugänglichem Börsenplatz wird Ihre Order innerhalb weniger Minuten ausgeführt, wenn sich unterhalb Ihres Limits Verkäufer finden. Die Aktien werden nun unverzüglich in Ihr Depot gebucht. Sie könnten sie sofort wieder verkaufen. Allerdings sind längerfristige Anlagen in Aktien lohnenswerter, da sonst Ihre Gebühren (siehe dazugehöriges Kapitel) zu sehr ins Gewicht fallen.

Eine Übersicht über die Aktien in Ihrem Depot können Sie über die Software Ihrer Bank einsehen. Hier können Sie auch die aktuellen Kurse Ihrer Aktien beobachten. Beim Verkaufen Ihrer Aktien gehen Sie analog vor, wie oben beschrieben.

5. Die Preisbildung

Wie wird der Kurs einer Aktie ermittelt? An der Börse treffen Käufer und Verkäufer einer Aktie aufeinander. Im Gleichgewicht von Angebot und Nachfrage bildet sich hier ein Kurs. Früher haben Börsenmakler Kurse gebildet und Käufer und Verkäufer zusammen gebracht. Heute übernehmen diese Aufgabe Börsencomputer.

Wenn nun mehr Käufer als Verkäufer am Markt auftreten, treiben erstere den Kurs nach oben. Das lockt zusätzliche Verkäufer an die Börse, die bei steigenden Kursen verkaufen.

Es bildet sich also wieder ein Gleichgewicht zwischen Angebot und Nachfrage. Wenn mehr Verkäufer als Käufer an der Börse ihre Orders platzieren, passiert genau das Umgekehrte (die Kurse fallen).

Die Kursbildung an der Börse kann bei hohen und niedrigen Umsätzen erfolgen, was nur börsenpsychologisch von Bedeutung ist.

6. Gebühren

Die Gebühren, die beim Online-Brokerage anfallen, sind im Vergleich zu anderen Geldanlagen niedrig. Jährlich zu zahlen ist die Depot-Gebühr für die Aufbewahrung ihrer Aktien. Für jeden einzelnen Trade berechnet Ihnen Ihr Online-Broker eine Provision und eine Maklercourtage. Die Maklercourtage (oder Xetra-Gebühr) wird vom Handelsplatz erhoben und wird Ihnen über Ihre Bank in Rechnung gestellt.

Die Provision an Ihren Online-Broker sollte nicht höher als 10 € bis 12 € für einen kleinen Trade sein. Bei dieser Provisionshöhe rechnen sich auch die kleineren Trades: Wenn Sie für 500 € Aktien kaufen und 10 € Provision zahlen, macht die Provision nur 2 % vom zu zahlenden Gesamtbetrag aus.

Bei von der Bank betreuten Geldanlagen zahlen Sie prozentual deutlich mehr Provision. Bei Aktienfonds ist beispielsweise ein Ausgabeaufschlag (aus dem Ausgabeaufschlag wird die Provision des Beraters finanziert) von etwa 5 % üblich.

Wenn Sie ein Neuling an der Börse sind, ist es empfehlenswert mit kleinen Beträgen anzufangen (z.B. 300 € bis 500 € pro Trade). Anfänger verlieren meistens aufgrund ihrer Unerfahrenheit Geld an der Börse. Sofern Sie mit kleinen Beträgen anfangen, tut dieses Lehrgeld weniger stark weh. Falls Sie sich mit der Zeit zum erfahrenen Anleger entwickeln, könnten Sie auf der Gewinnerseite der Anleger stehen.

7. Börsenplätze

Die Börse in Frankfurt ist seit dem zweiten Weltkrieg der wichtigste Handelsplatz in Deutschland (vorher war es Berlin). Der Handel in Frankfurt wird nicht mehr von menschlichen Maklern abgewickelt, sondern ist an das Computersystem Xetra angeschlossen. Xetra ist das bedeutenste Börsenhandelssystem in Deutschland. Die Börse in Hamburg ist besonders geeignet für den Handel mit Fonds.

Die New Yorker Börse ist der bedeutendste Handelsplatz der Welt. Tokio und London sind für das Weltfinanzsystem ebenfalls sehr wichtig. Zunehmend an Gewicht gewinnen auch Hongkong und Shanghai als aufstrebende chinesische Börsen.

Der Börsenplatz ist für Sie aufgrund der Liquidität des Handels mit bestimmten Aktien von Bedeutung. Denn nicht jede Aktie wird jederzeit an jeder Börse gehandelt. Besteht für Ihre Aktie an einem Handelsplatz keine Liquidität, kann das bedeuten, dass Ihre Order nicht ausgeführt wird.

Oder es kann passieren das die Ausführung zu einem für Sie sehr ungünstigen Kurs erfolgt – auch daher sind Limits so wichtig. Deutsche Aktien sollten Sie daher eher in Deutschland handeln. Bei einem US-amerikanischen Nebenwert kann es beispielsweise sinnvoll sein, an einer Börse in den U.S.A. (z.b. New York) zu handeln usw.. Direktbanken bieten unter anderem den Onlinehandel an ausländischen Börsenplätzen an.

8. Indices

Aktien verschiedener Segmente werden in Indices zusammen gefasst. Der bedeutendste Aktienindex der Welt ist der Dow Jones in den U.S.A.. In ihm finden sich die wichtigsten börsennotierten Unternehmen der Vereinigten Staaten. Das Gegenstück zum Dow Jones in Deutschland ist der DAX. Der DAX umfasst die 30 bedeutendsten deutschen börsennotierten Kapitalgesellschaften. Im MDAX sind die mittelgroßen börsennotierten Unternehmen in Deutschland gelistet. Der SDAX ist das Gegenstück für kleinere deutsche Gesellschaften. Das österreichische Gegenstück zum DAX ist der ATX.

Der TecDax ist der Nachfolgeindex des Nemax (Aktienindex des Neuen Marktes) und umfasst die 30 bedeutsamsten Technologieunternehmen in Deutschland. Sein Gegenstück in den U.S.A. ist der NASDAQ.

Die in einem Index vertretenen Unternehmen werden mit der Zeit verändert. Je nach Geschäftserfolg können Kapitalgesellschaften in einen Index auf und absteigen. So gesehen ist der DAX die 1. Bundesliga für Unternehmen in Deutschland.

9. Informationsquellen

Um mit Online-Brokerage erfolgreich zu sein, sollten Sie sich über das wirtschaftliche und politische Geschehen in der Welt informieren. So sind Sie in der Lage, Ihre Anlageentscheidungen unter Berücksichtigung der neuesten weltweiten Entwicklungen zu treffen.

Gute Informationsquellen sind die Wirtschaftswoche, das Handelsblatt, Börse Online und die Frankfurter Allgemeine Zeitung. Diese Medien können in der Print-Ausgabe oder online gelesen werden. Zumindest empfiehlt es sich, den Wirtschaftsteil Ihrer Tageszeitung zu lesen.

Nützlich sind auch die Nachrichten im öffentlich-rechtlichen Fernsehen (ARD, ZDF, Phoenix, 3sat usw.) und bei NTV.

10. Börsenexperten

Wenn in den Medien sogenannte Börsenexperten auftauchen, ist Vorsicht geboten. Sie sollten hinterfragen, welche Interessen die Börsenexperten verfolgen. Manche dieser Experten sind unehrlich. Wenn Sie dies erkennen, ist es meist besser, das Gegenteil der Empfehlung des Experten zu tun (also beispielsweise bei einer Kaufempfehlung zu verkaufen).

Gute Börsenexperten sind bzw. waren Warren Buffett, Andre Kostolany und Peter Lynch.

Warren Buffett ist allein durch Investments an der Börse zu einem der reichsten Männer der Welt geworden. Er ist ein Value-Investor. Außerdem ist er ehrlich und bodenständig.

Andre Kostolany (leider 1999 verstorben) war insbesondere ein Experte für Börsenpsychologie. Zu diesem Thema hat er gute Literatur veröffentlicht. In seinen Büchern erzählt er viele Anekdoten zum Thema Börse.

Peter Lynch ist der erfolgreichste Fondmanager aller Zeiten. Als Manager des Fidelity Magellan hat er jahrelang Renditen von über 20 % pro Jahr für seine Anleger erwirtschaftet (inzwischen hat er sich zur Ruhe gesetzt). Seine Investmentstrategie hat gewisse Gemeinsamkeiten mit der Strategie von Warren Buffett. Die Bücher von Peter Lynch sind ebenfalls lesenswert.

11. Betrüger an der Börse

Leider gibt es an der Börse auch Betrüger, auf die Aktionäre herein fallen können. Besonders gefährdet für Betrugsfälle sind Kleinaktionäre. Betrügereien sind beispielsweise Kursmanipulation oder Bilanzfälschung.

Bei Kursmanipulation kaufen Betrüger die Aktien eines Unternehmens und treiben so seinen Kurs nach oben. Dann sprechen sie eine Kaufempfehlung für diese Aktien (siehe auch vorheriges Kapitel).

Die Empfehlung kann z.B. in einem Börsenbrief platziert werden. Daraufhin kaufen insbesondere Kleinaktionäre die betroffenen Aktien. Die Betrüger stoßen ihre Aktien hingegen zu einem durch die Empfehlung hohen Kurs ab. Die Betrüger erzielen auf diese Art und Weise hohe Gewinne. Mit hoher Wahrscheinlichkeit fällt anschließend der Kurs der manipulierten Aktien. Die neu eingestiegenen Kleinaktionäre erleiden Verluste durch den Betrug.

Bei Bilanzfälschung an der Börse werden Gewinne und Umsätze einer Aktiengesellschaft künstlich aufgebläht. Dadurch steigt der Wert der Aktien der Altaktionäre des Unternehmens.

Durch überteuerte eigene Aktien können die Altaktionäre nun andere (solide) Unternehmen per Aktientausch übernehmen. Eine weitere Betrugsmöglichkeit ist der Verkauf von Aktien des Unternehmens mit gefälschter Bilanz durch Altaktionäre. Wird Bilanzfälschung nachgewiesen, drohen den Betrügern hohe Gefängnisstrafen.

12. Value versus Growth

Anleger verfolgen in der Regel an der Börse zwei verschiedene Ansätze: Den Value-Ansatz und den Growth-Ansatz.

Der Value-Investor sucht nach werthaltigen Anlagen, die an der Börse unterbewertet sind. Das können Unternehmen sein, die an der Börse unter ihrem Buchwert gehandelt werden oder Unternehmen mit einem altbewährten Geschäftsmodell und niedrigem Kurs-Gewinn-Verhältnis.

Der Growth-Investor sucht nach Unternehmen mit hohen Wachstumsraten bei Gewinn und Umsatz.

Häufig konzentriert er sich hier auf neue Märkte und Technologieunternehmen. Die Unternehmen in diesem Bereich haben häufig einen sehr hohen Bedarf an neuem Kapital. Geeignete Anlageobjekte findet der Growth-Investor zum Beispiel im TecDax oder an der NASDAQ.

Der Growth-Ansatz ist sehr viel risikoreicher als der Value-Ansatz. Ein erfolgreicher Growth-Investor kann eventuell noch höhere Gewinne in kurzer Zeit erzielen als ein Value-Investor. Bei Misserfolg verliert der Growth-Investor häufig sehr viel mehr Geld als ein erfolgloser Value-Investor.

Ein „alter Hase" an der Börse könnte mit dem Value-Ansatz viel eher vorhersehbare Gewinne machen als mit dem Growth-Ansatz. Der alteingessene Growth-Anleger wird trotz seiner Erfahrung immer auch Investments mit hohen Verlusten tätigen – bis hin zum Totalverlust.

13. Stammaktien versus Vorzugsaktien

Stammaktien bieten dem Aktionär das Stimmrecht (auf der Hauptversammlung) sowie das Recht auf Gewinnbeteiligung (Dividende). Dagegen haben die Inhaber von Vorzugsaktien das Recht auf eine erhöhte Dividende, aber sie haben kein Stimmrecht.

Wer Einfluss auf die Geschäftspolitik eines Unternehmens nehmen will, wird daher immer Stammaktien kaufen. Stammaktien gibt es von jeder Aktiengesellschaft. Vorzugsaktien gibt es hingegen nur von einigen bestimmten Gesellschaften.

14. Etablierte Märkte versus Schwellenländer

Etablierte Märkte sind alteingesessene Industriestaaten oder Dienstleistungsgesellschaften. Dazu gehören die Staaten der Europäischen Union, die U.S.A., Kanada, Japan, Australien und Neuseeland. Dem stehen Schwellenländer und Entwicklungsländer gegenüber, die in ihrer wirtschaftlichen Entwicklung noch nicht so weit fortgeschritten sind. Zu den Schwellenländern gehören beispielsweise China, Indien, Brasilien, Mexiko, Südafrika und Russland.

Etablierte Märkte bieten Rechtssicherheit für Investoren und viele lange ansässige Unternehmen. Das Wirtschaftswachstum ist hier häufig nicht so hoch, wie in den Schwellenländern, dafür ist das Risiko von Investments geringer.

Schwellenländer weisen mitunter ein höheres Wachstum aus und bieten Anlegern daher zuweilen schnell wachsende Unternehmen. Daher sind pro Zeiteinheit gelegentlich hohe Gewinne mit Aktien in diesen Ländern möglich. Das Investmentrisiko ist aber meistens höher als in alteingesessenen Industriestaaten.

Die stärker verbreitete Korruption in Schwellenländern ist Gift für die Wirtschaft und ein Investmentrisiko für Aktien. Insbesondere in Russland kommt noch das Oligarchenrisiko (Enteignung durch den Staat) hinzu.

15. Charttechnik

Charttechnik ist die Bezeichnung für die Analyse von Kurscharts. Durch Charttechnik lassen sich häufig Trends bei einer Aktie ablesen. Das kann ein Aufwärts- oder Abwärtstrend sein. Computerprogramme die eine Aktienfond steuern, kaufen beispielsweise gerne Aktien, die in einem Aufwärtstrend sind. Endet der Aufwärtstrend, verkauft das Computerprogramm diese Aktien wieder. Der entstehende Abwärtstrend bei dieser Aktie kann dadurch noch verstärkt werden.

Charttechnisch besonders interessant ist für Anleger eine Trendumkehr. Wenn z.B. der Kurs einer Aktie, die über längere Zeit an Wert verloren hat, anfängt nachhaltig zu steigen, kann dies ein Kaufsignal sein. Der umgekehrte Fall könnte ein Verkaufssignal sein.

Charttechnik sollte bei Anlageentscheidungen berücksichtigt werden, sollte aber nicht den alleinigen Ausschlag geben.

16. Neuemissionen

Eine Neuemission ist die Ausgabe neuer Aktien einer Kapitalgesellschaft über die Börse. Eine Neuemission dient der Finanzierung einer Kapitalgesellschaft, da ihr frisches Kapital zufließt. Dieses frische Kapital kann die Gesellschaft in neue Geschäftsfelder stecken.

Anleger haben die Möglichkeit, die Aktien der betreffenden Kapitalgesellschaft in der sogenannten Zeichnungsfrist bei bestimmten Konsortialbanken zu zeichnen (Absichtserklärung Aktien einer Neuemission zu erwerben).

Am Ende der Zeichnungsfrist erfährt der Anleger, ob er Zuteilung der neuen Aktien erhalten hat. Auch eine teilweise Zuteilung ist möglich.

Unter wertpapieranalytischen Gesichtspunkten sind die Aktien einer Neuemission selten preiswert. Häufig sind Neuemissionen überteuert.

17. Andere Spekulationsobjekte

Neben Aktien können Sie an der Börse auch mit Anleihen oder Immobilienfonds spekulieren. Anleihen können Sie beispielsweise an der Börse unter dem Nennwert kaufen, wenn die Zinsen seit Ausgabe der Anleihe gestiegen sind. Auch Anleihen von Schuldnern mit fragwürdiger Bonität werden an der Börse unter dem Nennwert gehandelt. Dies gilt zur Zeit z.B. für die Staatsanleihen einiger südeuropäischer Staaten. Verbessert sich die Bonität des Emittenten, lassen sich an der Börse unter sonst gleichen Bedingungen Kursgewinne erzielen. Erleidet der Schuldner Insolvenz, besteht allerdings das Risiko eines Totalverlustes.

In Moment ist auch die Spekulation mit Immobilienfonds möglich, da bei einigen Fonds die Rücknahme ausgesetzt ist. Diese Immobilienfonds werden an der Börse unter ihrem Rücknahmewert gehandelt. Wird nun die Aussetzung der Rücknahme eines Immobilienfonds beendet, könnten Anleger Kursgewinne erzielen. Wird allerdings der Immobilienfond ganz aufgelöst, sind auch deutliche Verluste möglich.

18. Steuern

Auf Ihre beim Online-Brokerage erzielten Kursgewinne und Dividenden müssen Sie, wenn Sie Ihren Wohnsitz in Deutschland haben, Abgeltungssteuer bezahlen. Die Abgeltungssteuer beträgt 25 % zuzüglich Solidaritätszuschlag und Kirchensteuer. Ein Kirchenmitglied kommt (je nach Bundesland) insgesamt auf eine Steuerlast von etwa 28 %.

Die Abgeltungssteuer und der Solidaritätszuschlag werden automatisch durch Ihre Bank einbehalten. Wenn Sie in der Kirche sind, müssen Sie dies Ihrer Bank mitteilen, damit sie die Kirchensteuer auf Ihre Geldanlagen einbehalten kann. Ansonsten müssen Sie in der Anlage KAP Ihrer Steuererklärung die Kirchensteuer auf Ihre Investments deklarieren. Kursverluste können steuerlich mit Gewinnen verrechnet werden. Daher können Kursverluste Ihre Abgeltungssteuerlast mindern.

Bei Dividenden ausländischer Gesellschaften kann es zu einer Doppelbesteuerung kommen, da eine im Ausland zu zahlende Quellensteuer nicht immer auf die deutsche Abgeltungssteuer angerechnet wird.

19. Fazit

Online-Brokerage bietet Ihnen die Chance, sich unabhängig von Ihrem Bankberater zu machen sowie Provisionen und Gebühren zu sparen. Fangen Sie mit kleinen Beträgen an, wenn Sie an der Börse spekulieren. Wenn Sie sich durch Verluste am Anfang nicht abschrecken lassen, könnte aus Ihnen mit der Zeit ein erfahrener Anleger werden, der insgesamt an der Börse langfristig Geld verdient.

Bibliografische Information der Deutschen Nationalbibliothek
Die Deutsche Nationalbibliothek verzeichnet diese Publikation
in der Deutschen Nationalbibliografie, detaillierte bibliografische
Daten sind im Internet über http://dnb.dnb.de abrufbar.

© 2016 Svenja Schirr-Schmidt
Herstellung und Verlag
BoD - Books on Demand, Norderstedt

ISBN: 9 783842 362598

Satz und Layout
Druckservice Jansen
22457 Hamburg-Schnelsen
www.druckservice-schnelsen.de